À tous ceux qui m'ont aidé,
et particulièrement à Bryn, David Bennett,
David, Matthew, Sarah, Sebastian et Steve

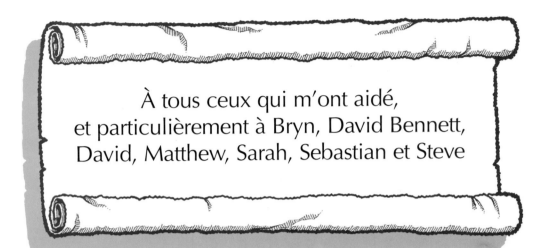

GARANTIE DE L'ÉDITEUR
Malgré tous les soins apportés à sa fabrication, il est malheureusement possible
que cet ouvrage comporte un défaut d'impression ou de façonnage. Dans ce cas, il vous sera échangé
sans frais. Veuillez à cet effet le rapporter au libraire qui vous l'a vendu ou nous écrire à l'adresse
ci-dessous en nous précisant la nature du défaut constaté.
Dans l'un ou l'autre cas, il sera immédiatement fait droit à votre réclamation.
Librairie Gründ - 60, rue Mazarine - 75006 Paris.

Adaptation française d'Agnès Vandewiele
Texte original de Martin Handford
Secrétariat d'édition de Justine de Lagausie
Nouvelle édition française 1998 par Librairie Gründ, Paris
Première édition française 1989 par Librairie Gründ, Paris
© 1989, 1998 Librairie Gründ pour l'édition française
ISBN : 2-7000-4126-7
Dépôt légal : mars 1998

Édition originale 1989 par Walker Books Ltd sous le titre *The Fantastic Journey*
Nouvelle édition originale 1997 par Walker Books Ltd sous le titre *The Fantastic Journey*
© 1989, 1995, 1997 Martin Handford pour le texte et les illustrations

PAO : Liani Copyright, Paris
Imprimé en Chine
Loi n° 49-956 du 16 juillet 1949 sur les publications destinées à la jeunesse

OÙ EST CHARLIE?
LE VOYAGE FANTASTIQUE
MARTIN HANDFORD

GRÜND

3 9075 04107743 6

LES GLOUTONS VORACES

IL ÉTAIT UNE FOIS (Ô! DISCIPLES DE CHARLIE!) VOTRE HÉROS LANCÉ DANS UN VOYAGE FANTASTIQUE. TOUT COMMENÇA PARMI LES GLOUTONS VORACES OÙ IL TROUVA LE MAGE BLANCHEBARBE, QUI LE CHARGEA D'UNE MISSION : PARTIR EN QUÊTE D'UN PARCHEMIN, PUIS, À CHAQUE ÉTAPE DE SON VOYAGE, EN DÉCOUVRIR UN AUTRE. AINSI, QUAND IL AURAIT TROUVÉ LES DOUZE DOCUMENTS, SA VÉRITÉ PROFONDE LUI APPARAÎTRAIT.

DANS CHAQUE IMAGE, CHERCHEZ CHARLIE, OUAF (ON NE VOIT QUE SA QUEUE), FÉLICIE, LE MAGE BLANCHEBARBE, POUAH ET, BIEN SÛR, LE PARCHEMIN. PUIS RETROUVEZ LA CLEF DE CHARLIE, L'OS DE OUAF (DANS CETTE SCÈNE, C'EST CELUI QUI EST LE PLUS PRÈS DE SA QUEUE), L'APPAREIL PHOTO DE FÉLICIE ET LES JUMELLES DE POUAH.

LES RECHERCHES CONTINUENT : VINGT-CINQ FANS DE CHARLIE SE PROMÈNENT PARTOUT, MAIS CHACUN N'APPARAÎT QU'UNE FOIS. VOTRE ŒIL AIGUISÉ POURRA-T-IL DISTINGUER AUSSI UN PERSONNAGE QUI N'EST PAS DESSINÉ CI-DESSOUS MAIS QUI S'EST GLISSÉ DANS TOUTES LES SCÈNES, SAUF LA DERNIÈRE?

LES MOINES-COMBATTANTS

CHARLIE ET LE MAGE BLANCHEBARBE
ATTEIGNENT L'ENDROIT OÙ LES MOINES
INVISIBLES DU FEU ET LES MOINES DE L'EAU
SE LIVRENT UN COMBAT SANS MERCI.
TANDIS QUE CHARLIE PART À LA RECHERCHE DU DEUXIÈME
PARCHEMIN, IL S'APERÇOIT QUE BEAUCOUP D'AUTRES CHARLIE
SONT DÉJÀ PASSÉS PAR LÀ. LE PARCHEMIN À PEINE TROUVÉ,
IL EST TEMPS DE REPRENDRE LE VOYAGE.

AU PAYS DES TAPIS VOLANTS

ALORS CHARLIE, ACCOMPAGNÉ DU MAGE,
SE REND JUSQU'AU PAYS DES TAPIS VOLANTS,
QUE DE NOMBREUX CHARLIE ONT DÉJÀ
VISITÉ. EN LEVANT LES YEUX, IL APERÇOIT
UN NOMBRE INCROYABLE DE TAPIS VOLANTS
ET D'OISEAUX DE FEU (COMBIEN EN TROUVEZ-VOUS,
OBSERVATEURS SUBTILS ?). EN POSSESSION DU TROISIÈME
PARCHEMIN, CHARLIE REPREND SON VOYAGE.

LE GRAND JEU DE BALLON

CHARLIE ET BLANCHEBARBE ARRIVENT SUR UN TERRAIN OÙ SE DISPUTE UNE GIGANTESQUE PARTIE DE BALLON, À LAQUELLE BEAUCOUP D'AUTRES CHARLIE ONT DÉJÀ ASSISTÉ. CHARLIE DISTINGUE QUATRE ÉQUIPES QUI JOUENT LES UNES CONTRE LES AUTRES (L'UNE D'ELLES GAGNE-T-ELLE? OÙ EN EST LA PARTIE? AVEZ-VOUS DEVINÉ LES RÈGLES?). LE QUATRIÈME PARCHEMIN TROUVÉ, LE VOYAGE REPREND.

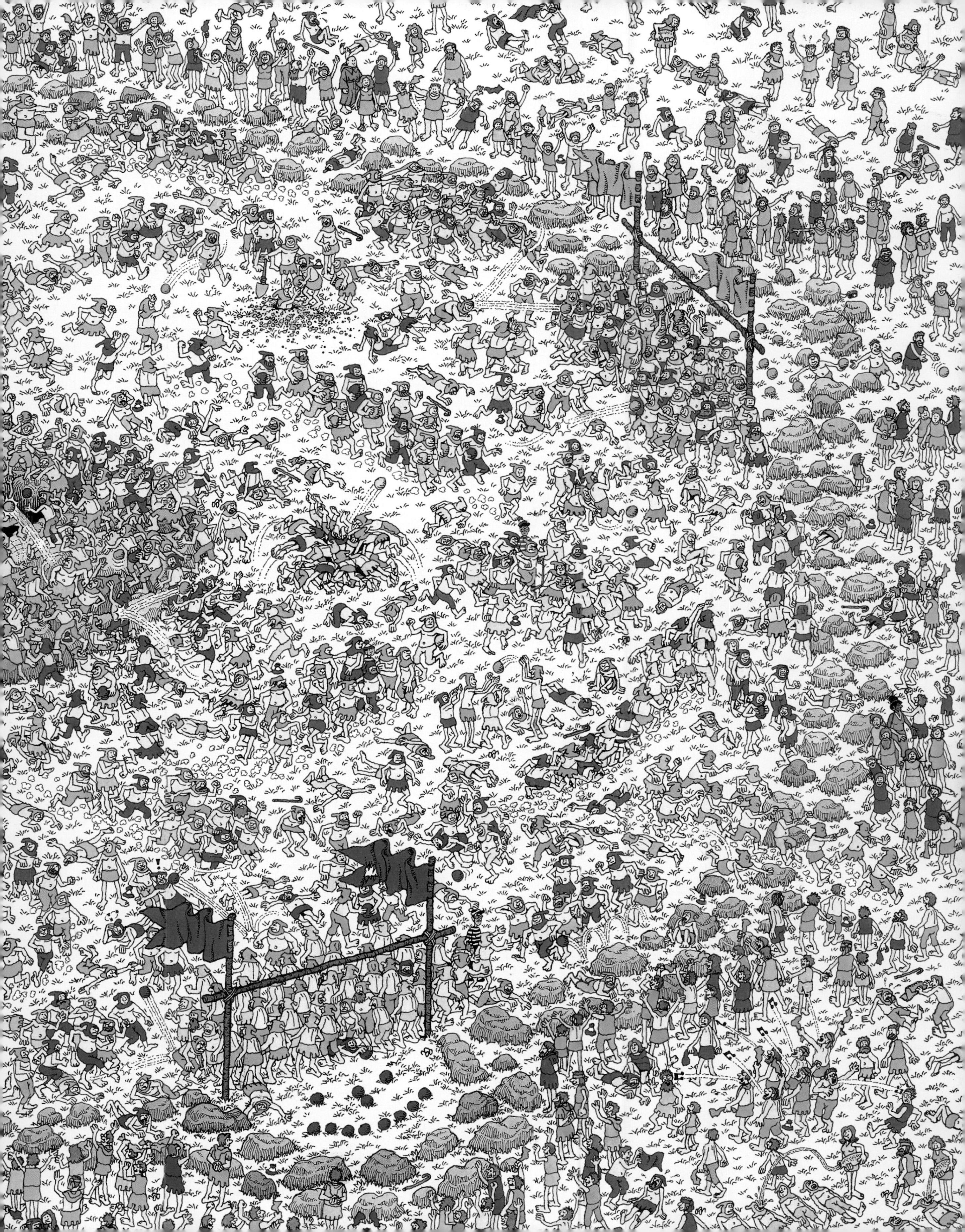

LES PETITS SAUVAGES ROUGES

CHARLIE ET LE MAGE BLANCHEBARBE SALUENT
LES PETITS SAUVAGES ROUGES QU'UN GRAND
NOMBRE DE CHARLIE ONT DÉJÀ
RENCONTRÉS. LES NAINS ATTAQUENT
DES GUERRIERS MULTICOLORES, PROVOQUANT
UN FORMIDABLE CARNAGE ET D'HORRIBLES RAVAGES.
CHARLIE DÉCOUVRE LE CINQUIÈME PARCHEMIN
ET POURSUIT SON VOYAGE.

LE CHÂTEAU DES VAMPIRES

CHARLIE ET LE MAGE BLANCHEBARBE FONT HALTE AU CHÂTEAU DES VAMPIRES, DANS LEQUEL BEAUCOUP D'AUTRES CHARLIE SE SONT DÉJÀ AVENTURÉS. PARTOUT CE NE SONT QUE CLIQUETIS D'OS (L'OS DE OUAF EST CELUI QUI EST LE PLUS PROCHE DE SA QUEUE), RICANEMENTS DIABOLIQUES, RÉPUGNANTS GARGOUILLIS. CHARLIE S'EMPARE DU SIXIÈME PARCHEMIN AUSSI VITE QU'IL LE PEUT ET POURSUIT SON VOYAGE.

LES GUERRIERS DE LA FORÊT

CHARLIE ET LE MAGE BLANCHEBARBE
SE RETROUVENT PARMI LES GUERRIERS
DE LA FORÊT, QUE BEAUCOUP D'AUTRES CHARLIE
ONT DÉJÀ CROISÉS SUR LEUR CHEMIN. DANS
LA BATAILLE CONTRE LES REDOUTABLES CHEVALIERS
NOIRS, LES NYMPHES DES BOIS SONT AIDÉES PAR LES ANIMAUX,
LES ÊTRES DE GLAISE ET LES ARBRES DE LA FORÊT. CHARLIE
SE SAISIT DU SEPTIÈME PARCHEMIN ET REPREND SA ROUTE.

LES PLONGEURS SOUS-MARINS

CHARLIE ET LE MAGE BLANCHEBARBE PLONGENT
DANS LES PROFONDEURS MARINES, QUE
BEAUCOUP D'AUTRES CHARLIE ONT DÉJÀ
SONDÉES. CHARLIE RECHERCHE LE HUITIÈME
PARCHEMIN PARMI LES MONSTRES MARINS, LES SIRÈNES,
LES PÊCHEURS ET LES POISSONS. DÈS QU'IL
LE DÉCOUVRE, IL POURSUIT SON VOYAGE.

LES CHEVALIERS
AUX DRAPEAUX ENCHANTÉS

CHARLIE ET LE MAGE BLANCHEBARBE
DÉCOUVRENT UN ENDROIT TRÈS PEUPLÉ,
TEL QU'ILS N'EN ONT JAMAIS VU AUPARAVANT.
DEUX ARMÉES S'AFFRONTENT, DÉPLOYANT LEURS
DRAPEAUX ENCHANTÉS. CHARLIE COMPREND ALORS QUE
DE NOMBREUX CHARLIE L'ONT PRÉCÉDÉ ICI. IL TROUVE
LE NEUVIÈME PARCHEMIN ET REPART AUSSITÔT.

LES GÉANTS BARBARES

CHARLIE ET LE MAGE BLANCHEBARBE FONT ROUTE JUSQU'AU PAYS DES GÉANTS BARBARES, QUE BEAUCOUP D'AUTRES CHARLIE ONT DÉJÀ EXPLORÉ. CHARLIE CONSTATE QUE LES GÉANTS AGRESSENT SANS ARRÊT LE PEUPLE DES PETITS. IL A TÔT FAIT DE DÉCOUVRIR LE DIXIÈME PARCHEMIN ET DE POURSUIVRE SA ROUTE.

UNE CHASSE SOUTERRAINE

CHARLIE ET LE MAGE BLANCHEBARBE
PÉNÈTRENT DANS UN SOUTERRAIN
OÙ BEAUCOUP D'AUTRES CHARLIE SE SONT
DÉJÀ RISQUÉS. LÀ, DE VAILLANTS CHASSEURS
LUTTENT AVEC ACHARNEMENT CONTRE UNE FOULE
DE MONSTRES MALFAISANTS. CHARLIE DÉTERRE
LE ONZIÈME PARCHEMIN ET POURSUIT SON VOYAGE.

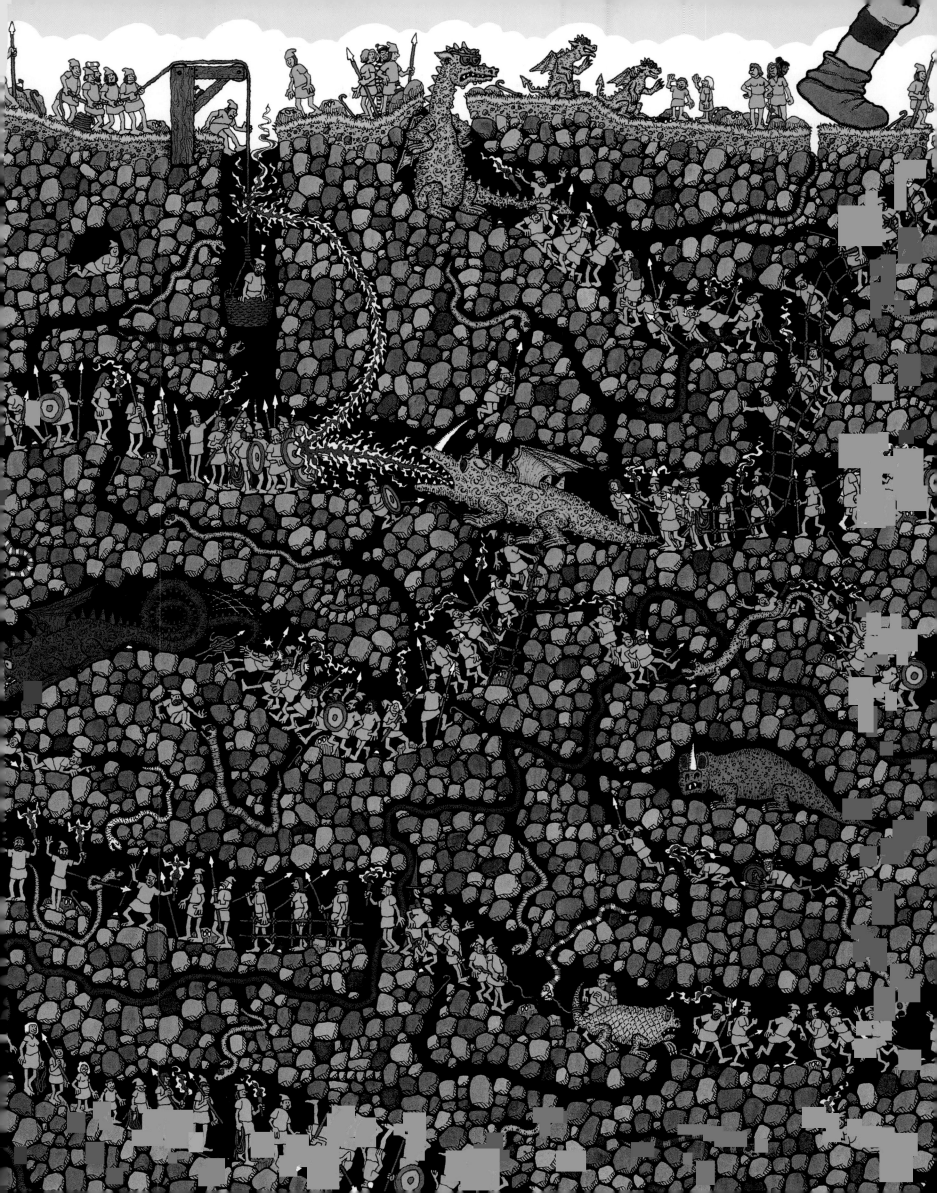

AU PAYS DES CHARLIE

CHARLIE DÉCOUVRE LE DOUZIÈME PARCHEMIN ET APPREND
ENFIN LA VÉRITÉ : IL N'EST QU'UN CHARLIE PARMI D'AUTRES.
IL SAIT MAINTENANT QUE LES CHARLIE PERDENT TRÈS
SOUVENT LEURS AFFAIRES, LUI-MÊME VIENT D'ÉGARER
UNE CHAUSSURE. TANDIS QU'IL LA CHERCHE PARTOUT,
IL DÉCOUVRE QUE BLANCHEBARBE N'EST PAS SON UNIQUE COMPAGNON
DE VOYAGE : ONZE AUTRES CURIEUX PERSONNAGES L'ONT REJOINT,
UN DE PLUS À CHACUNE DE SES ÉTAPES. MAINTENANT, FIDÈLES
DISCIPLES, À VOUS DE DÉCOUVRIR LE VRAI CHARLIE. AIDEZ-LE
À RETROUVER SA CHAUSSURE. AINSI POURRA-T-IL ENFIN VIVRE HEUREUX
POUR TOUJOURS AU PAYS DES CHARLIE.

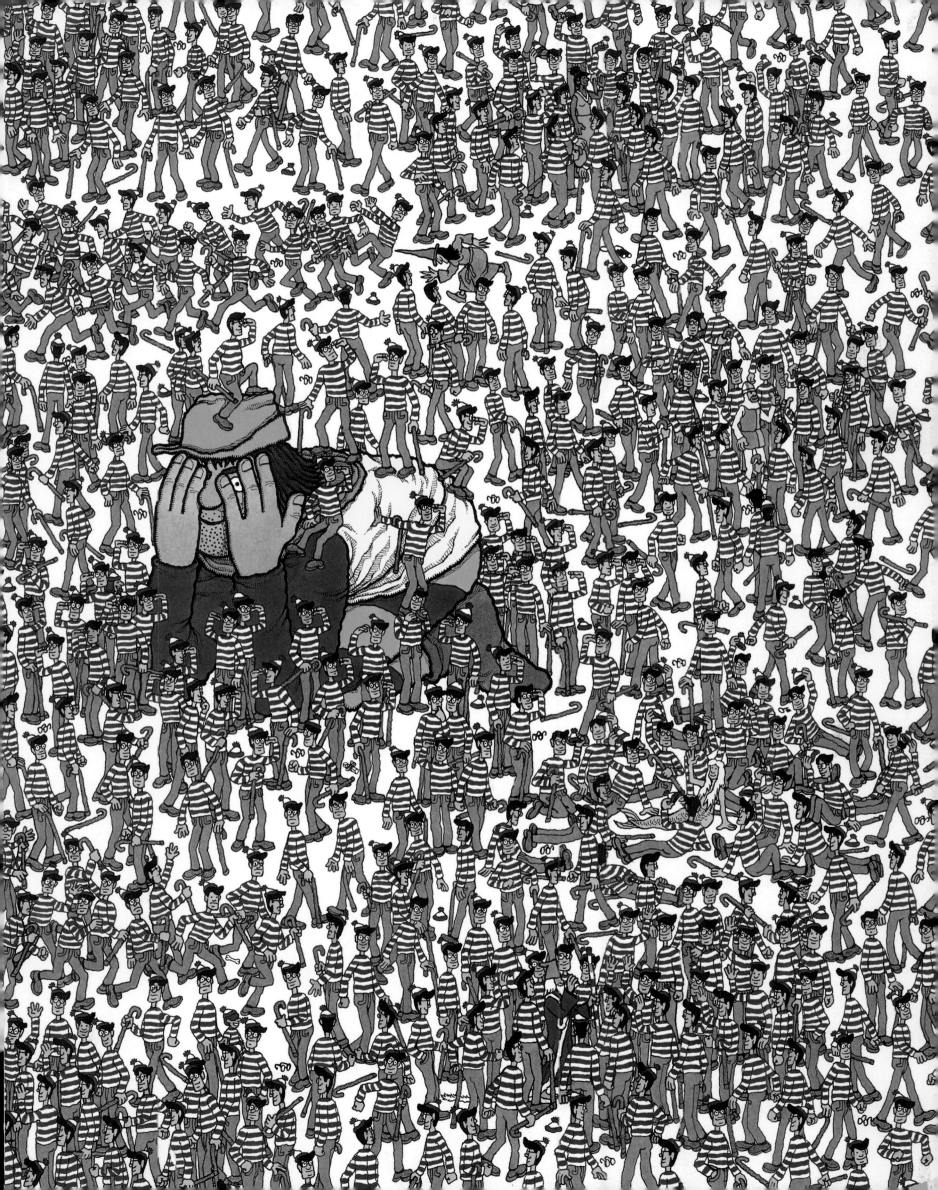

LE VOYAGE FANTASTIQUE

Encore une foule de choses à trouver et de gags pour les fans de Charlie

LES GLOUTONS VORACES

- Un serveur costaud et un faiblard
- Des odeurs à longue portée
- Un gâteau aux parts inégales
- Un homme qui a trop bu
- Des gens qui se trompent de chemin
- Des mets très résistants
- Un plat renversé
- Un dîner très épicé
- Des chevaliers buvant avec une paille
- Un habile sommelier
- Des saucisses géantes
- Une bataille au flan
- Un siège surchargé
- Une soupe à la barbe
- Des farceurs
- Un épanchement douloureux
- Un coup dans l'œil
- Un homme ligoté avec des spaghetti
- Un plat qui assomme
- Un homme qui a trop mangé
- Un géant qui mange un plat à sa taille
- Un gâteau explosif
- La rupture d'une saucisse géante
- Une odeur pénétrante

AU PAYS DES TAPIS VOLANTS

- Une collision imminente
- Un tapis volant surchargé
- Un passage pour les piétons
- Une pin-up ornant un tapis
- Trois hommes qui s'accrochent
- Des usagers du tapis-stop
- Un client mécontent
- Un vendeur de tapis d'occasion
- Une tour à l'envers
- Un accident sur un pic
- Des gendarmes et des voleurs de tapis
- Un voleur de fruits
- Des passagers la tête en bas
- Un atelier de réparation pour tapis
- Un homme et une femme très entourés
- Une tour volante
- Un tapis-escalier
- Des pirates du ciel
- Pauvres et riches en tapis volants
- Un service de dépannage de tapis
- Des tapis sur des hommes volants
- Un agent de la circulation monté sur tapis
- Un tapis volant sans pilote

LES MOINES-COMBATTANTS

- Deux voitures de pompiers
- Des moines aux pieds chauds
- Un pont de moines
- Un moine effronté
- Un moine plongeur
- Une statue effrayée
- La rencontre du feu et de l'eau
- Un jet d'eau sinueux
- Des poursuivants poursuivis
- Une statue contente d'elle
- Un jet de feu qui serpente
- Cinq touchés par un jet d'eau
- Un pont qui brûle
- Sept derrières brûlants
- L'adoration du seau d'eau
- Des boucliers anti-lave
- Treize moines piégés et inquiets
- Un moine qui voit arriver un jet de flamme
- L'adoration du volcan
- Un moine face à deux adversaires
- Un tuyau enflammé
- Des coulées de lave et de moines
- Une chaîne d'eau
- Deux moines qui se trompent d'adversaire

LE GRAND JEU DE BALLON

- Une triple rasade
- Une rangée de bannières tenues à la main
- Une poursuite qui tourne en rond
- Un spectateur entouré par trois supporters rivaux
- Des joueurs qui ne peuvent pas voir où ils vont
- Deux grands joueurs contre deux petits
- Sept épouvantables chanteurs
- Un visage en ballons
- Des joueurs qui creusent pour gagner
- Un visage qui vient frapper un poing
- Un tir qui brise le montant du but
- Une foule poursuivant un joueur à reculons
- Un joueur poursuivant une foule
- Des joueurs qui se tirent leur bonnet
- Un drapeau troué
- Une troupe de joueurs munis de ballons
- Un joueur qui joue avec la tête
- Un joueur qui trébuche sur un rocher
- Un joueur qui boxe un ballon
- Un spectateur qui en frappe deux
- Un joueur qui tire la langue à la foule
- Une bouche maintenue ouverte par la barbe
- Un tir par-derrière

LES PETITS SAUVAGES ROUGES

- Un coup de fronde destructeur de lances
- Deux coups entraînant des réactions en chaîne
- Des lances et des lanciers gras et maigres
- Un lancier qui traverse un drapeau
- Un bouclier qui sert de collier
- Une prison de lances
- Des lances entremêlées
- Un homme qui désarme de façon détournée
- Des nains déguisés en lanciers
- Une machine à faire lever les mains
- Un lancier empêtré dans sa tenue de combat
- Un plieur de lances sournois
- Une tête de hache qui fait mal à la tête
- Un nain qui se trompe de côté
- Un exercice de tir audacieux
- Des adversaires qui se chargent l'un l'autre
- Un lancier qui s'enfuit devant une lance
- Un combattant dans les étoiles
- Une épée qui transperce un bouclier
- Une lance frappant le bouclier d'un lancier
- Un nain qui se cache en grimpant à une lance
- Des lanciers qui bondissent hors de leurs vêtements
- Une lance qui arrache le casque d'un nain

LE CHÂTEAU DES VAMPIRES

- Un vampire qui a peur des fantômes
- Deux ours vampires
- Des vampires qui boivent avec une paille
- Des gargouilles amoureuses
- Une torture la tête en bas
- Une chauve-souris qui joue au base-ball
- Trois hommes-loups
- Une momie qui se défait
- L'épreuve du miroir pour vampire
- Un squelette effrayé
- Des passages pour chiens, chats et souris
- Des chats qui se font la cour
- Un jeu de quille vampirique
- Une gargouille qui reçoit un coup dans l'œil
- Une gargouille la tête en bas
- Des contrôleurs de vol vampiriques
- Trois sorcières qui volent à reculons
- Une sorcière qui perd son manche à balai
- Un manche à balai qui vole sur une sorcière
- Le supplice du sel revu et corrigé
- Un vampire qui va se faire hacher
- Un train-fantôme
- Un cercueil trop petit pour un vampire
- Un bourreau à trois yeux